Marlen und Gert von Kunhardt · Autofahren ohne Stress

__Marlen von Kunhardt,__ Pädagogin und Verhaltenstrainerin,
war Mitgründerin und bis 1998 Geschäftsführerin
des „Institut für Bewegungstherapie und Rehabilitation" in Eutin;
sie ist mehrfache Buchautorin und Referentin der Frauenfrühstücks-Treffen.

__Gert von Kunhardt,__ ehemaliger Vizeweltmeister im Modernen Fünfkampf,
ist Gründer verschiedener Gesundheitsinitiativen
(Institut „Bewegung ist Leben", „Vital-Trainings-Management").

Marlen und Gert von Kunhardt

Autofahren ohne Stress

Das Entspannungs-Programm für unterwegs

scm SCM Collection

Umschlaggestaltung: Dietmar Reichert, Dormagen
Illustrationen: Karl Bihlmeier, Lindlar
Satz: Breklumer Print-Service, Breklum
Druck: Druckerei Theiss, Österreich
ISBN 978-3-7893-9225-2
Bestell-Nr. 629.225

Inhalt

Vorwort

Das Automobil ist eine außerordentliche Erfindung. Es versetzt uns in die Lage, in kürzester Zeit ohne Einschränkungen überall hin zu kommen. Was wären wir ohne Auto! Es ist eine hochwillkommene und optimale Transportmaschine:

für den Weg zur Arbeit
zum Einkaufen
für Arztbesuche
Möbeltransporte
Urlaubsreisen.

Die Palette lässt sich endlos erweitern. Das Auto bestimmt unser Leben. Es geht nicht mehr ohne.

Dennoch empfinden wir das Fahren, das Unterwegssein auf den Straßen zunehmend als Mühe. In der Großstadt, wo es viele unterschiedliche Verkehrsmittel gibt, könnten wir auf den eigenen PKW verzichten. Doch die individuelle Fortbewegung ist uns sehr wichtig. Wir haben uns zu sehr daran gewöhnt. Das eigene Auto ist einfach bequem und nicht mehr wegzudenken. Diese Freiheit ist uns so kostbar, dass wir in Kauf nehmen, ständig steigende Benzinpreise zu zahlen und immer öfter im Stau zu stehen.

Aber sie fordert einen hohen Preis: Lebensenergie! Wie viel Kraft geht auf der täglichen Fahrt zur Arbeit verloren! Wie viel Stress muss ausgehalten werden! Die Folgen kennen wir alle: Gereiztheit und Müdigkeit nach längeren Autofahrten. Verspannte Muskeln beeinträchtigen das Wohlbefinden nachhaltig. Wenn wir also schon fahren müssen, dann mit möglichst geringen Verlusten. Machen wir das Beste daraus!

In diesem Buch möchten wir zeigen, wie wir entspannter Autofahren können. Es bietet einfache Tipps anhand konkreter Verkehrssituationen. Die Anleitungen zu den vielen praktischen Übungen sind auf jeden Fall ein Gewinn für den eigenen Körper. Er leidet oft beim Autofahren. Er lechzt nach Sauerstoff. Jede noch so kleine Muskelaktivität verhilft ihm zu einer Erfrischung. Lassen Sie sich ermutigen, sich mehr zu bewegen, und zwar so oft es geht. Es wird Ihnen gut tun.

Autofahren und Stress

Niemals gab es so viele Fahrzeuge auf bundesdeutschen Straßen wie heute. Waren es 1970 fünfzehn Millionen, entsprach dies exakt der Zahl der damaligen Kinder unter 14 Jahren. 35 Jahre später kommen auf ein Kind bereits vier Autos, das sind vierundfünfzig Millionen. Unser ganzes Leben hat sich dadurch verändert. Es ist schneller und dichter geworden. Die Entfernungen schrumpfen. Wir sind mit Hilfe des Autos „mobil" geworden. Was einerseits ein Riesengewinn ist, hat auf der anderen Seite gravierende Nachteile: Unser Körper wird bewegt, aber er bewegt sich nicht mehr selbst. Das heißt: Der Stoffwechsel wird reduziert, weil der notwendige Sauerstoff fehlt. Gleichzeitig wird aber auch mehr Leistung abverlangt: Der Fahrer muss sich ständig konzentrieren. Er darf keine Sekunde schlafen, auch nicht mal so eben wegnicken. Der so genannte Sekundenschlaf ist Ursache für die schlimmsten Unfälle im Straßenverkehr.

Weil das Auto unser „liebstes Kind" ist, sollten wir überlegen, wie wir trotzdem sicher, entspannt und gesund unterwegs sein können. Dazu gibt es zwei Vorgehensweisen. Erstens: die Muskelanspannung während der Fahrt möglichst gering halten. Zweitens: sich mit kleinen Bewegungsübungen mehr Sauerstoff zuführen und die Muskelzellen erfrischen. Der Gewinn: Sie können sich besser konzentrieren. Das erhöht die Sicherheit und verschafft größere Gelassenheit und mehr Reiselust.

Entspannt Autofahren beginnt schon beim Starten des Motors. Ich stürze mich in den Verkehr und kann nicht erwarten, dass man auf mich und meine Bedürfnisse Rücksicht nimmt. Ich muss bereits in der ersten Sekunde mit allem rechnen und kann nicht davon ausgehen, dass ich Recht auf freie Fahrt hätte. Deshalb sollte ich mit erhöhter Aufmerksamkeit unterwegs sein. Schließlich kann es immer vorkommen, dass Kinder oder Tiere auf die Fahrbahn laufen.

Fahren wird immer anstrengender. Mit der zunehmenden psychischen Anspannung erhöht sich auch die Muskelspannung, und die Durchblutung wird verringert. Der Blutdruck steigt. Die gesamte Chemie im Körper verändert sich:

Das Cholesterin steigt und provoziert Arteriosklerose,
das Adrenalin nimmt zu und damit die Aggressivität,
die Sauerstoffversorgung nimmt ab, der Fahrer wird müde,
die Gelenkflüssigkeit reduziert sich und begünstigt Arthrose,
der Bandscheibendruck erhöht sich und verursacht Rückenschmerzen
der Kreislauf wird geschwächt und das Herz kraftlos,
die Muskeln arbeiten nicht; Stoffwechselerkrankungen sind die Folge.

Diese und andere Belastungen lauern auf den Fahrer, Unfälle nicht eingerechnet. Im ursprünglichen Sinne sollte Stress den Menschen bei drohenden Gefahren fluchtfähig machen. Aber wir drücken nur aufs Gaspedal. Dadurch werden die Stresshormone nicht abgebaut, sondern lagern sich infarktgefährlich an den Herzkranzgefäßen ab.

Das Hauptübel beim Autofahren ist die permanente Anspannung. Hier ist der Auslöser für die meisten unserer Erkrankungen zu finden. Durch Stress werden die Muskeln nicht gleichmäßig versorgt. Dem archaischen Fluchtreflex folgend, werden die Beinmuskeln mit Sauerstoff vollgepumpt. Dagegen lechzen Hals- und Nackenmuskeln nach einer höheren Sauerstoff-Durchblutung. Der einzige Weg, diese Gefahren zu vermeiden, ist Bewegung. Deshalb bei Ampeln, Staus oder anderen Stopps systematisch die Muskeln an- und entspannen!

Lassen Sie sich auf eine Autofahrt mitnehmen, bei der wir alltägliche Situationen darstellen, bedenken und Ihnen praktische Hinweise an die Hand geben. Das fängt schon beim Starten des Motors und dem Wissen an: Gleich bin ich Teil des Verkehrs. In der

Stadt heißt das: Ich habe keine Wahl, ich muss das Tempo mitgehen, ob ich alt oder jung, ob ich frisch oder müde bin, ob ich in einer Luxuskarosse oder in einem Gebrauchtwagen sitze. Ich kann nicht erwarten, dass irgendjemand auf mich und meine Bedürfnisse Rücksicht nimmt. Ich muss schon ab der ersten Sekunde im Straßenverkehr mit allem rechnen und sollte mich sozusagen dort anmelden und zeigen: Hallo, hier bin ich. Ich fahre ab sofort mit. Es geht also darum, auf mich aufmerksam zu machen, um auf jeden Fall gesehen zu werden. Deshalb:

Tipp!

Als erstes das Fahrlicht einschalten.

Im Mitschwimmen des Verkehrsflusses berücksichtige ich, dass Kinder unvermutet die Straße überqueren können. Auch mit Hunden muss ich rechnen. Es ist unverzeihlich, davon auszugehen, dass ich das Recht auf freie Fahrt hätte. Ich bin ja nur ein Teil. Dem übrigen Verkehr muss ich mit Rücksicht begegnen. Kinder zum Beispiel haben immer weniger Spielflächen, können ihren Drang zur Bewegung nicht mehr unbesorgt ausleben. Da passieren schon mal Fehler. Ein Ball rollt plötzlich über die Straße. Ich muss mit erhöhter Aufmerksamkeit unterwegs sein. Fahren wird zu einer immer spannenderen Herausforderung. Mit der zunehmenden psychischen Anspannung wird auch der Muskeltonus (die Muskelspannung) erhöht und damit die Durchblutung verringert. Der Blutdruck steigt. Deshalb schlagen wir Ihnen verschiedene kleine Übungen vor, die dem entgegenwirken. Z. B.

Tipp!

Ausatmen und die Schultern fallen lassen. Bauch einziehen – fünf Sekunden halten – locker lassen. Immer wieder möglichst viele Muskeln kurz an- und entspannen.

Diese Übungen weiten das Gefäßsystem, senken den Blutdruck und erhöhen die Sauerstoffversorgung.

Auch die Zunahme der Fahrzeuge auf den Straßen muss in unserem Verhalten berücksichtigt werden. Der Dichtestress ist inzwischen so groß, dass jeder Autofahrer durchschnittlich 17 000 Stunden seines Berufslebens im Stau verbringt. Sie starten gelassener, wenn Sie sich vorsorglich auf mögliche Verzögerungen eingestellt haben.

Tipp!

Nutzen Sie die Verkehrsinformationen und planen Sie Ihre Fahrten, besonders bei unbekannten Strecken, schon am Vorabend.

Von Beginn der Fahrt an müssen wir extrem aufmerksam sein. Jedes neue Schild ist ein neuer Befehl. Er muss in Sekundenschnelle registriert und umgesetzt werden. Das Gehirn leistet Höchstarbeit: sich merken, was jetzt gilt, wie lange, und wann es aufgehoben wird.

Für den Fahrer ist der Schilderwald ein Problem. In Gedanken ist man oft woanders, nicht beim Verkehr. Daher fragt man sich häufig, ob die Geschwindigkeitsbegrenzung noch gilt oder ein Schild vielleicht übersehen wurde.

Autofahren ist heute mit Stress verbunden, ob man will oder nicht. Zum Großteil ist dieser Stress hausgemacht, weil wir zwar wissen, was uns beim Autofahren erwartet, es aber in unserer Vorbereitung nicht genügend berücksichtigen. Befragungen von Verkehrssündern ergaben: Die meisten von uns fahren erst auf den letzten Drücker los. Diesen Stress könnte man leicht vermeiden. Sorgen Sie deshalb immer für einen ausreichenden Zeitpuffer, auch für eventuelle Parkplatzsuche und andere Eventualitäten muss Zeit eingerechnet werden.

Tipp!

Vor langen oder unbekannten Strecken bewusst früher losfahren, Essbares einpacken und CDs bereitlegen.

Wenn Sie eine Pause einlegen, dann ist es erholsamer, abseits der Autobahn nach Haltemöglichkeiten zu suchen. Geschützt vom Verkehrslärm, können Sie sich die Füße vertreten, kleine Übungen machen, sich recken und strecken und vielleicht sogar die schöne Aussicht genießen.

Tipp!

Abseits der Autobahn nach Haltemöglichkeiten suchen.

Autofahren – eine Wohltat für den Körper?

Das Öffnen der Autotür und das Einsteigen sind die letzten aktiven Muskelbewegungen für die bevorstehende Fahrt. Danach übernimmt die Technik die Arbeit. Der Mensch sitzt bewegungslos, schaut nur ab und zu in die Rückspiegel. Das ist fatal, weil Sitzen im Grunde genommen eine Untätigkeit ist, erst recht, wenn der Körper dabei von allen Seiten abgestützt wird. Bewegung ist aber für Muskeln und Gelenke von elementarer Bedeutung.

Wir sitzen inzwischen pro Tag über neun Stunden, Autofahren eingerechnet. Dadurch fehlt uns Sauerstoff, ohne den alle inneren Organe, auch das Gehirn, nicht arbeiten können. Die Bewegungsstarre bleibt nur deswegen unbemerkt, weil Schwingungen durch Fahrbahnunebenheiten suggerieren, doch ständig in Bewegung zu sein. Tatsache ist, dass wir nach langen Autofahrten müde aussteigen, obwohl wir nur still dagesessen haben.

Tipp!

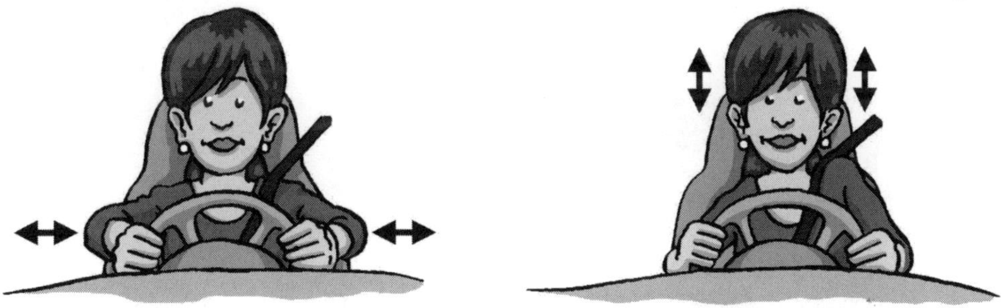

Immer wieder die Schultern wechselweise anheben, Gesäß- und Bauchmuskeln anspannen, Lenkrad „zusammendrücken“ und „auseinanderziehen“.

Durch Bewegung bleibt der Körper frisch und leistungsfähig. Es ist die einzige Möglichkeit, den eigenen Körper biologisch zu verjüngen. Ohne Bewegung altert er im Zeitraffer. Deshalb zwischendurch immer wieder kleine Übungen einschieben!

Tipp!

Rhythmische Beckendrehungen machen (wie bei Hula-Hoop), um die Wirbelsäule zu entspannen.

Der in der Fahrschule eingeübte „Schulterblick" wird immer häufiger vergessen, ein Grund für viele Unfälle. Um ihn frei und locker ausführen zu können, ist ein vorbeugendes Halswirbelsäulen-Training günstig. Bei Routinetätigkeiten, wie der Morgentoilette, können Sie eine solche Übung ganz nebenbei tun.

Tipp!

Beim morgendlichen Haarewaschen nicht die Hände auf der Kopfhaut hin und her bewegen, sondern stattdessen den Kopf unter den Händen drehen.

So werden die Halsmuskeln gestärkt und elastisch gehalten. Sie können den Kopf weiter herumdrehen. Dann gibt es auch keinen toten Winkel beim Schulterblick mehr. Die Sicherheit wird erhöht.

Die eingeschränkte Bewegungsfreiheit zwingt die Wirbelsäule während der Fahrt in eine Knickhaltung. Die Lendenwirbel pressen die dazwischen liegenden Bandscheiben so zusammen, dass sie auszuweichen versuchen und dabei auf die dahinter liegenden Nervenstränge drücken. Das löst Rückenschmerzen aus.

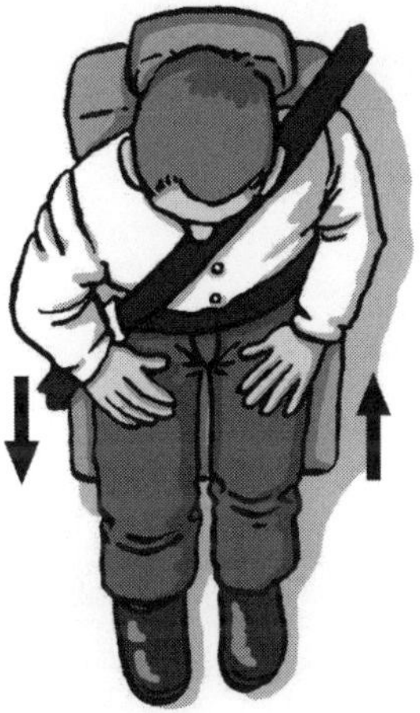

Tipp!

Knie im Sitzen wechselweise vor- und zurückschieben (natürlich nur bei haltendem Fahrzeug) oder im Stehen auf den Zehenspitzen wippen (nur auf dem Parkplatz).

Um nicht direkt an der Frontscheibe zu kleben, streckt man normalerweise Hände und Arme leicht gebeugt aus und hat dadurch eine bessere Übersicht. Damit verbunden ist allerdings eine hohe physiologische Belastung der Arm- bzw. Haltemuskulatur. Muskeln, die nur zu 35% angespannt sind, verlieren die Fähigkeit zur Durchblutung und ermüden wegen mangelnder Sauerstoffzufuhr.

Tipp!

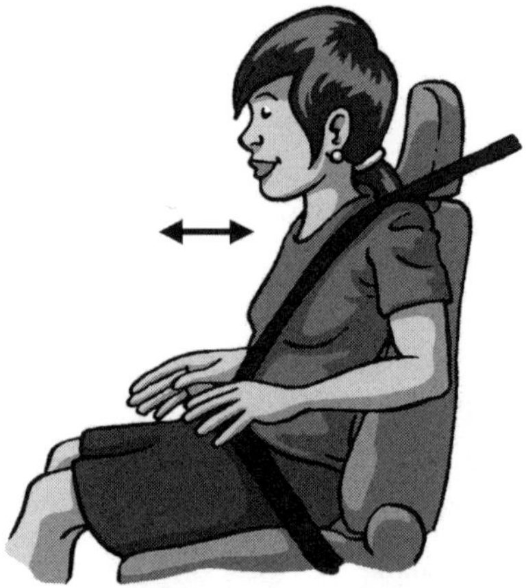

Schultern vor- und zurückziehen und Schulterblätter zusammendrücken. Außerhalb des Fahrzeuges kann man die Hände und Arme wie leere Schläuche ausschütteln.

Dadurch, dass die Finger ständig gekrümmt sind, wenn sie das Lenkrad umfassen, entwickelt sich eine Verkürzung der Handsehnen.

Tipp!

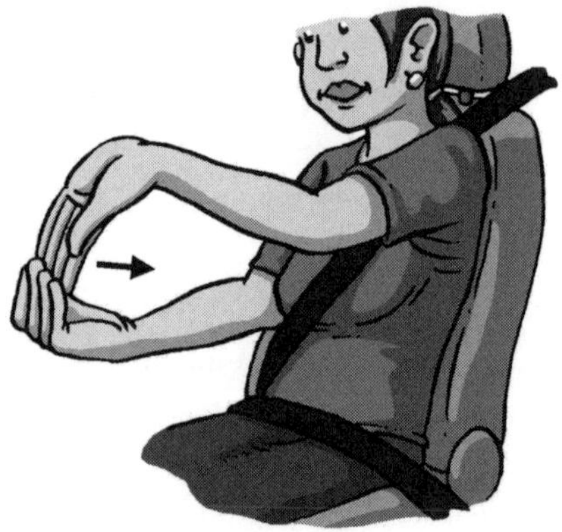

Bei Pausen die Hände abwechselnd mit der Handfläche nach oben drehen. Die Fingerspitzen werden mit der anderen Hand nach hinten gezogen.

Autofahren – trotz Luxus keine Freiheit

Der Trend zur Vollautomatik ist heute schon bei Kleinwagen zu finden. Dieser Luxus hat es allerdings in sich: Mitten in meine Lieblingsradiosendung platzt überlaut der Verkehrswarndienst herein. Muss ich mich vor einem Stau in Bayern warnen lassen, obwohl ich in Köln gerade einen Parkplatz suche? Dieser Zwangsinformation ist man bei eingeschaltetem Radio (noch) hilflos ausgeliefert.

Tipp!

Verkehrsmeldungen nur in Regionalsendern hören, und zwar dann, wenn sie gebraucht werden.

Apropos Parkplatzsuche: Wem ist das nicht schon so ergangen, dass er wenig Zeit hatte und dringend einen Parkplatz brauchte? Gerade, wenn man in einer Stadt fremd ist und dem Parkleitsystem folgt, muss man unbedingt darauf achten, wo man sich befindet, damit man sein Auto hinterher auch wiederfindet.

Tipp!

Sich beim Abschließen des Wagens die Parkplatzreihe und eventuell die Abstell-Nummer einprägen.

Tipp!

Das Einparken am Straßenrand ist immer eine heikle Angelegenheit. Man muss schnell sein, denn wenn man sich nicht rasch entscheidet, ist die Parklücke oft schon weg. Andere Fahrer warten oft ungeduldig hinter dem Einparker, der so nur noch nervöser wird.

Nicht zu schnell und ungenau, möglicherweise sogar vorwärts einparken, sondern allen deutlich durch Blinklicht signalisieren, dass Sie in diese Lücke hinein wollen. Dann so weit vorfahren, dass Sie mit dem Heck an der Spitze der Lücke stehen.

Lassen Sie zuerst den nachfolgenden Verkehr vorbei und setzen Sie dann so weit zurück, bis Sie mit der Hälfte Ihres Fahrzeuges in Ihrer Parklücke stehen. Auch wenn neue Fahrzeuge herankommen, fahren Sie ruhig weiter, schlagen dann das Lenkrad scharf ein und lenken entgegengesetzt vollständig auf den Parkplatz ein.

Tipp!

Achten Sie darauf, dass Sie beim Aussteigen zum Vorder- wie Hintermann einen genügend großen Abstand halten, damit diese später unbehelligt ausparken können.

Es geht nicht darum, dass Sie Platz zum Ausparken haben, sondern darum, dass die anderen nicht gezwungen werden, Ihnen an die Stoßstange zu fahren, wenn sie ihrerseits wegfahren wollen. Ich habe schon viele Klagen über zerkratzte und beschädigte Autos gehört und habe das selbst auch schon erlebt.
Eine zusätzliche Entspannungsmaßnahme:

Tipp!

In kritischen Situationen immer wieder tief ausatmen.

Das bewusste Ausatmen beruhigt und entspannt. Es hat eine ganzheitliche Auswirkung, die wir leicht und jederzeit nutzen können.

Autofahren ist Jagdersatz

Jeder Mensch folgt seinen Erbmerkmalen. Die Anthropologen sind sich einig, dass wir – ob wir es nun wahrhaben wollen oder nicht – uralten Reflexen unterliegen. In bestimmten Lebenssituationen brechen typisch männliche Verhaltensmuster immer wieder hervor: bei der Werbung um das andere Geschlecht oder bei dem Versuch, Macht und Ehre zu erlangen. Immer ist es ein Kampf gegen andere, eine Auseinandersetzung um Erfolg oder Misserfolg. Das spiegelt sich auch auf unseren Straßen wider.

Unter Auto fahrenden männlichen Verkehrsteilnehmern entbrennt oft ein mit massiven Druckmitteln verbundenes Gefecht um das Recht auf freie Vorfahrt. Unausgesprochen wird gefragt: Wer hat hier das Sagen? Wer ist der Platzhirsch?

Besonders männliche Fahrer mit leistungsschwächeren Autos fühlen sich häufig unterlegen. Wenn dann ein Drängler von hinten kommt, denkt man sich: „Dem werde ich es jetzt zeigen!“, und beschleunigt. Hier beginnt die Rechthaberei.

Tipp!

Sofort ohne zu bremsen Platz machen und anschließend gemütlich im Windschatten hinterher fahren.

Aus der Sicht des Überholenden bietet sich folgendes Bild: Er fährt zügig und stößt während eines Überholvorganges auf der linken Spur der Autobahn auf einen langsamer fahrenden Verkehrsteilnehmer. Der, offenbar in seiner Ruhe gestört, gibt überraschend Gas, um selbst weiter auf der linken Spur bleiben zu können.

Warum fällt es dem langsamen Fahrer so schwer, sich rechts einzuordnen und seine gemütliche Fahrgeschwindigkeit fortzusetzen? Offenbar ist es wohl so, dass er seinen „errungenen" Platz nicht kampflos aufgeben will. Er fährt mit erhöhter Geschwindigkeit, ja er steigert sie, um zu zeigen, dass er noch schneller sein kann. Das ist typisches „Stier- und Brunftgehabe". Sich einfach überholen zu lassen, und dann vielleicht noch von einem kleineren Wagen, kratzt offensichtlich an der Eitelkeit.

Aber dieses Verhalten führt unweigerlich zum Streit. Wenn der schnelle Fahrer jetzt seinerseits Gas gibt, weil er sich in seinem Überholvorgang behindert fühlt, ist eine Eskalation unvermeidlich. Dann wird rechts überholt, ausgebremst, geschnitten, aufgefahren, angezeigt.

Tipp!

Den Abstand zu dem langsamen Fahrer, der vor einem fährt, vergrößern. Das Signal geben: Ich will nichts von dir, ich will mich nicht mit dir messen.

Falsch verstandene Vorsicht ist es, alle Verkehrsregeln penibel einzuhalten, genau fünfzig zu fahren, wo fünfzig gefordert wird, nur um nicht mit dem Gesetz in Konflikt zu geraten. Früher hat man dazu „Beamtenmentalität" gesagt, wobei das Verhalten zwar dem Gesetz nach rechtens ist, aber in der jeweiligen Situation auch völlig unangemessen sein kann. Was, wenn weit vorne vielleicht die Polizei mit der Kelle winkt, um den Verkehrsfluss zu beschleunigen? Das erlebt man oft bei Baustellen, bei denen sich die Spuren teilen und der jeweils Führende bestimmt, wie schnell die Nachfolgenden zu fahren haben. Die Straßenverkehrsordnung mahnt:

(1) Die Teilnahme am Straßenverkehr erfordert ständige Vorsicht und gegenseitige Rücksicht.

(2) Jeder Verkehrsteilnehmer hat sich so zu verhalten, dass kein anderer geschädigt, gefährdet oder mehr, als nach den Umständen unvermeidbar, behindert oder belästigt wird.

Hier wird an ein Sozialverhalten appelliert, das jeder gern unterschreiben wird, obwohl es manchem schwer fällt, es auch zugunsten anderer einzuhalten.

Tipp!

Auf keinen Fall gereizt reagieren, wenn der betreffende „Bremser" hochaggressiv auf die „Rechtsbrecher" schimpft und möglicherweise „aus erzieherischen Gründen" das Tempo noch mehr reduziert.

Auch der Körper leidet: Nacken- und Schulterverspannungen nehmen zu und verursachen eine Minderdurchblutung des Kopfes. Der damit verbundene Sauerstoffmangel führt dann zu Reaktionsverlusten. Sie fahren versehentlich zu dicht auf und haben ungewollt den Schwarzen Peter. Doch es gibt auch eine Alternative:

Tipp!

sich durch deutliche Rücksichtnahme Freunde zu machen.

Wenn Sie merken, dass die Verkehrsteilnehmer um Sie herum unzufrieden, unruhig, gereizt oder verärgert sind, geben Sie ein Signal des Verstehens. Helfen Sie! Lassen Sie den Vortritt auch dort, wo er den anderen nicht zusteht. Sie werden sich wundern, welche Vorteile es Ihnen bringt. Ich habe oft erlebt, dass diese Autofahrer dann bemüht sind, mir ebenfalls etwas Gutes zu tun. Nirgends sonst kommt die positive Reaktion so spontan wie beim Autofahren.

Psychologisch gesehen sind Autofahrer in der Position: Einer gegen alle. Jeder muss sich behaupten, darauf achten nicht „eingeklemmt“ zu werden. Zum Beispiel, weil er vielleicht zu dicht auf einen LKW aufgefahren ist und nun nicht mehr auf die Überholspur kommt. Das passiert übrigens oft Niederländern, Dänen oder Schweden. In ihren Ländern fließt der Verkehr gemütlicher, und die Straßen sind nicht so voll. Deshalb fehlt ihnen möglicherweise das Training für dichten Verkehr, hohe Geschwindigkeiten, viele Baustellen, wechselnde Straßenführung (im Mittelgebirge), sich schnell änderndes Wetter, eine ungewohnte Mentalität, andere Verkehrsschilder etc.

Tipp!

Signalisieren Sie diesen „eingeklemmten“ Fahrern durch Blinkzeichen, dass Sie ihnen Platz zum Überholen machen.

Wir Deutsche stehen nicht gerade in dem Ruf, im Verkehr besonders entgegenkommend zu sein. Ich kenne keine günstigere Gelegenheit, sich so schnell Freunde zu machen, wie auf unseren Straßen. Und das sollte Ihre Strategie in der Zukunft sein: Fahren Sie Auto, um sich Freunde zu machen. Dadurch verkürzen Sie sich die Zeit, bleiben fröhlicher, und sogar lange Strecken werden kurzweiliger. Ihr Selbstwertgefühl steigt, wenn Sie sich in dieser Weise umsichtig verhalten.

Tipp!

Schauen Sie nicht nur dann in den Rückspiegel, wenn Sie überholen wollen, sondern tun Sie es in regelmäßigen Abständen.

Das nimmt nicht viel Zeit in Anspruch, denn je öfter ich es tue, desto kürzer kann der Blick sein. So bekomme ich ein Gesamtbild vom Verkehr hinter mir.

Eine andere Sache ist es, sich vor anderen profilieren zu wollen. Mein erstes motorisiertes Fahrzeug war ein Moped. Wie ich meine „Zündapp Combinette" geputzt, poliert und verschönt habe! Ich war froh über meine neue Freiheit. Von Fritzlar fuhr ich mit einem Freund bis nach Brüssel zur Weltausstellung. Das war damals schon etwas Besonderes. Mein Selbstbewusstsein wuchs. Ich hob mich aus der Masse der Fußgänger ab.

Als nächstes kam die „Vespa", mit der man schon, flach auf den Lenker gelegt, auf 95 „Sachen" kam. Als besonderes individuelles Zeichen befestigte ich einen Fuchsschwanz an der Sitzbank. Das war damals mein Statussymbol. Heute sieht das viel subtiler aus. Es kommt auf die feinen Insignien an: Silberne Zeichen wie „TI“, „TDI“, „S“, „TT“ usw. Das hat Signalwirkung.

Die Details, wie ein vergrößertes Auspuffrohr oder ein röhrender Ton, zeigen an: Ich bin’s! Herhören, hersehen! Die kleinen silbernen Zahlen ab „220“, „270“, „450“ oder gar „600“ machen den eigentlichen Wert aus. Hier zeigt sich über die Hubraumklasse, wie viel Geld man hat. Sozialneid ist die unerwünschte Folge. Doch das muss nicht sein. Man kann sich aus diesen Dingen auch heraushalten.

Ein anderes Symptom der Profilierung ist das Ritual des wöchentlichen Autowaschens. Tat man es früher noch vor der eigenen Garage, ist es jetzt nur noch erlaubt, sein Fahrzeug in Waschstraßen oder ähnlichen Anlagen zu reinigen. Das ist übrigens auch schonender und geht viel schneller. Doch wenn man Pech hat, muss man lange in der Schlange warten, weil ausgerechnet an diesem Hochsommertag ein Autofetischist darauf gekommen ist, seinem neuen Auto das Programm für eine vollständige Winterwäsche zugutekommen zu lassen.

Tipp!

*Erkundigen Sie sich:
Wann sind keine Waschstaus
zu erwarten?*

Manche Tankstellen werben mit: Dienstag ist Badetag. So können Sie Wartestress vermeiden. Oft ist das Auto stark verschmutzt und man muss auch zu Stoßzeiten in die Waschstraße. Dann ist folgendes Vorgehen sinnvoll. Kaufen Sie nicht erst die Waschkarte in der Tankstelle, wo Sie vielleicht noch mal anstehen müssen, sondern:

Tipp!

Fahren Sie zuerst
hinter das letzte wartende Fahrzeug
und gehen Sie dann erst zum Kartenkauf.

Ich habe oft genug erlebt, dass nicht nur einer, sondern sogar mehrere Fahrzeuge plötzlich vor mir in der Schlange standen und ich unverrichteter Dinge vorzeitig abgefahren bin. Als wirkliche Antistressverringerung hat sich Folgendes erwiesen:

Tipp!

*Die Waschkarte
gleich für das nächste Mal
im Voraus kaufen
und im Auto liegen haben.*

Dann können Sie ohne Zeitverlust vorfahren und müssen nicht so lange warten oder können gelassen Zeitung lesen, bis Sie an der Reihe sind.

Autofahren in allen Lagen

Fahrbahnwechsel ohne Blinkzeichen

Die Kultur des Autofahrens hat sich durch die größere Verkehrsdichte verändert. So wird zum Beispiel das Blinken beim Fahrbahnwechsel unterlassen. Dabei handelt es sich nicht um Nachlässigkeit, sondern Vergesslichkeit.

Als Vielfahrer – ich habe die Zweimillionenkilometergrenze schon überschritten – habe ich mit „Nichtblinkern" so meine Probleme. Jeder von uns hat sie schon erlebt. Plötzlich und ohne Vorwarnung wechselt ein Fahrzeug direkt auf Ihre Bahn. Sie haben Mühe, einen Auffahrunfall zu vermeiden. Noch halb geschockt, kommt die Reaktion: „Das wäre beinahe schief gegangen! Mann, das war richtig lebensgefährlich!" Der Ärger will sich freien Lauf machen. Da sehen Sie beim Überholen, dass der betreffende Fahrer ein kleiner alter Mann ist, der ängstlich hinter dem Lenkrad klemmt.

Tipp!

Danken Sie Gott,
dass er Sie behütet hat,
und bitten Sie ihn,
auch den unsicheren alten Mann
zu beschützen.

Hilfreich ist es auch, einen Schluck Wasser zum Abreagieren zu trinken. Das beruhigt, denn durch das Schlucken wird der Teil des vegetativen Nervensystems aktiviert, der für den Spannungsabbau zuständig ist.

Immer eine Wasserflasche dabei haben!

Tipp!

Weil ich selber von solchen Crash-Situationen nicht überrascht werden will, mute ich sie auch keinem anderen zu.

Tipp!

Geplanten Fahrbahnwechsel weit vorher ankündigen.

Auf diese Weise kommuniziere ich mit den hinter und vor mir Fahrenden und mache auf meine Überholabsicht aufmerksam. Ich habe vielfach erlebt, dass diese mir dann, besonders auf Bundesstraßen, geholfen haben, gefahrlos vorbei zu kommen. Sie haben rechts geblinkt um mir zu signalisieren: „Es ist frei, Sie können überholen.“ Wenn ich so etwas ebenso für andere anbiete, erhalte ich oft als Dankeschön die erhobene Hand oder ein Rechts-links-Blinken.

Tipp!

Das Bedanken nicht vergessen.

Auffahren auf die Autobahn

Immer wieder beobachte ich, wie beim Auffahren auf die Autobahn Fehler gemacht werden. Ohne die Auffahrspur vollständig auszufahren, wechseln Fahrzeuge zu früh auf die Fahrbahn. Schlimmer noch, sie wechseln ohne Verzug auf die Überholspur. Sie realisieren nicht, dass dort Fahrzeuge mit 180 km/h heransausen könnten. Der nachfolgende Verkehr muss bremsen oder ausweichen. Deshalb muss ich auch auf der linken Spur Auffahrten sorgfältig im Auge haben, um gegebenenfalls noch bremsen zu können. Die Auffahrspur ist zum Beschleunigen und Anpassen an den fließenden Verkehr gedacht.

Tipp!

Sie sollten in der Auffahrspur Gas geben und nach dem Blick in den Rückspiegel und über die Schulter entschlossen auffahren.

Es gibt Übervorsichtige, die von vornherein langsam in die Auffahrspur einfahren. Sie vergewissern sich, dass die Autobahn frei ist, warten den Verkehr stehend ab und beschleunigen erst dann. Der Geschwindigkeitsunterschied zum fahrenden Verkehr ist dann so groß, dass es schwierig ist, den Abstand richtig einzuschätzen und sicher aufzufahren.

Sollte mir doch einmal ein Fehler unterlaufen, wird mir sicherlich verziehen, wenn ich dies den anderen Fahrern signalisiere.

Mit der erhobenen Hand um Entschuldigung bitten.

Niemand ist perfekt. Rechnen Sie deshalb auch mit den Fehlern anderer Autofahrer. Mit Einfühlungsvermögen und Vorausschau ist allen gedient. Dadurch löst sich Ihre Anspannung und Sie haben keinen Stress.

Schnellere Autos

Interessanterweise ist es oft nicht ein Porsche, sondern ein Golf GTI, Alfa-Brera oder ein Opel CDTI, der zu schnell fährt. Lassen Sie sich dadurch nicht provozieren. Wenn Sie zu schnelle Fahrer erleben, die plötzlich als Wolf im Schafpelz aus dem Nichts auftauchen, fragen Sie sich in solchen Situationen:

Tipp!

Vielleicht muss er aufs Klo und hat es deswegen so eilig?

Sie verlieren ja nichts – weder Zeit noch Ehre. Nur wenn Sie sich auf eine Wettfahrt einlassen, gibt es Spannungen, die die Durchblutung der Muskeln beeinträchtigen. Das kurze Platzmachen braucht nicht einmal Zeitverlust zu bedeuten, sondern nur eine kleine Lenkbewegung. Dazu muss man natürlich den rückwärtigen Verkehr und die Geschwindigkeit der heransausenden Autos im Blick haben. Ich kann auch im dichten Verkehr Platz machen, selbst wenn ich bereits auf der Überholspur bin.

Tipp!

Um zu verdeutlichen, dass ich ebenfalls meinen Überholvorgang fortsetzen möchte, bleibe ich zunächst so lange auf der linken Spur, bis das schnellere Auto herangekommen ist. Dabei gebe ich aber durch Blinkzeichen frühzeitig zu verstehen, dass ich ausweichwillig bin. Das verhindert unnötiges Bremsen des Hintermannes.

Der Überholende ist erleichtert und dankt es mir. Ich lenke mit gleich bleibender Geschwindigkeit sofort nach dem Passieren des anderen wieder an meinen vorherigen Platz zurück.

Langsamere Autos

Sie haben es eilig und müssen auf einer Landstraße hinter einer Autoschlange mit 60 km/h herfahren. Vor Ihnen sind mindestens zehn weitere Autos. Dazwischen erkennen Sie eine Lücke und überlegen, ob Sie nicht doch wenigstens drei Fahrzeuge überholen könnten …

Tipp!

Tun Sie es nicht!

Sie gewinnen vielleicht dreißig Meter, handeln sich aber gewaltigen Unmut der überholten Fahrer ein. Sie fühlen sich ausgetrickst, weil sie aus Sicherheitsgründen extra für die Kolonnenfahrt die Abstände erhöht haben. Vielleicht schließen sie aus Unmut erst recht sofort dichter auf.

Tipp!

*Stellen Sie sich vor,
dass es einen guten Grund gibt,
langsam zu fahren und sehen Sie sich
in der Zwischenzeit die Landschaft an.
Das entspannt und macht fröhlich.*

Ein anderes Verhalten ist jedoch geboten, wenn Sie selbst der Langsamfahrer sind. Ihr Auto zieht plötzlich nicht mehr richtig, die Wassertemperatur ist zu hoch, der Auspuff hängt locker oder Sie wollen sich die schöne Gegend ansehen.

Wie verhalte ich mich richtig, wenn hinter mir ein Stau von zehn Fahrzeugen entsteht? Ich schaue in den Rückspiegel und realisiere, dass ich das Hindernis bin. Falsch wäre es, sich jetzt auf den Standpunkt zu stellen: Ich kann so langsam fahren, wie es mir passt, die anderen sollten auch langsamer fahren. Dann verspanne ich mich unwillkürlich. Dabei hätte ich es in der Hand, den Stau durch rechtes Ranfahren aufzulösen. Vielleicht ist einer der rückwärtigen Autofahrer in Zeitdruck, muss sein Flugzeug erreichen oder hat einen anderen wichtigen Termin. Die richtige Maßnahme in dieser Lage ist es:

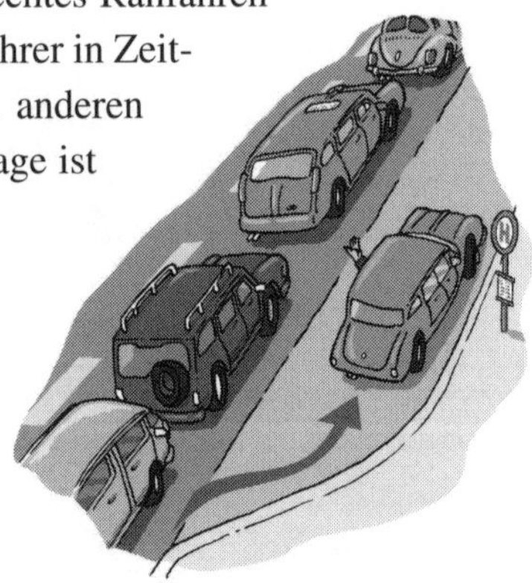

Tipp!

*Rechts anhalten, die Leute vorbeilassen
und sich dahinter wieder einordnen.*

Sie werden frohe Menschen sehen, die Ihnen dankbar zuwinken. Die verlorene Zeit wird Ihnen durch Entspannung und das Bewusstsein, etwas Gutes getan zu haben, vergolten.

Fahren auf der mittleren Spur
Die mittlere Spur der Autobahn wird oft als Reise- und Dauerspur genutzt. Eigentlich ist sie nur eine Überholspur. Zugegeben, wir fühlen uns auf ihr deswegen besonders sicher, weil wir mit viel Freiraum rechts und links fahren können. Wer so denkt, übersieht, dass damit der Verkehrsfluss behindert wird.

Tipp!

Wenn der Überholvorgang abgeschlossen ist, wechsele ich wieder auf die rechte Spur, weil es dort am geruhsamsten zugeht. Auf dieser Spur bin ich niemandem im Weg und kann total entspannt fahren.

Fahren auf der rechten Spur
Hier gibt es nur eine Schwierigkeit: Es ist die langsamste Spur bei normalem Verkehr. Bei dichtem Verkehr oder im Stau ist sie merkwürdigerweise oft die schnellste Spur. Die LKW-Fahrer wollen ihre schweren Fahrzeuge nicht anhalten, um sie dann mit großem Energieaufwand (hoher Betriebstoffverbrauch) erneut in Fahrt zu bringen. Sie bemühen sich um einen steten Fluss, das heißt hier staut es sich am wenigsten.

Tipp!

Fahren Sie, wann immer möglich, auf der rechten Spur.

Im Stau und stockendem Verkehr

Was tun, wenn sich der Verkehr verdichtet? Er staut sich immer häufiger, besonders in der Urlaubszeit, wo wir ihn uns gerade nicht wünschen. Aus dieser ungeplanten Situation können wir eine Tugend machen und etwas für die Gesundheit tun. Unser Grundsatz lautet: Stauzeit ist Trainingszeit.

Endlich kann ich meine innere verspannte Haltung lockern. Wieso mich über etwas ärgern, was ich sowieso nicht ändern kann? Es ist interessanter herauszufinden, weshalb sich der Verkehr staut.

Tipp!

Weit nach vorn schauen.

Da gibt es viele kleine Indizien, die Rückschlüsse zulassen. Ist z. B. auf der Gegenseite kein oder nur sehr schwacher Verkehr, kann es sich um einen Unfall handeln. Dann weiß ich, dass es gleich wieder normal weitergehen wird. Oder ich sehe in der Ferne ein Blaulicht. Dann gilt ebenfalls: Keine Aufregung, der Staubereich ist absehbar. Es wird nur eine kurze Verzögerung geben, dann fließt es wieder normal.

Wenn sich aber Autos stauen, so weit das Auge reicht, hilft es, die LKW zu beobachten. LKW-Fahrer sind nicht nur gewitzt, sondern haben auch interne Kommunikationsmöglichkeiten, sich über den Verkehr zu verständigen. Wenn LKW stehen, ist es meistens ernst. Dann sollte man sich gelassen darauf einstellen, dass man sowieso nichts ändern kann, und sich dem Schicksal fügen.

Bei Stau die Fahrbahn zu wechseln, bringt wenig, auch wenn es auf der anderen Spur gerade mal besser läuft. Obwohl ich es selbst oft genug versuche, sehe ich letztlich doch die Autofahrer wieder, die ich gerade überholt habe … Ich spare viel Kraft und Konzentrationsfähigkeit, wenn ich ruhig und gleichmäßig in meiner Spur bleibe. Da LKW bei längeren bergigen Strecken nur ungern stehen bleiben, setzen sie alles daran, in Fahrt zu bleiben. In diesem Fall lohnt sich sogar der Wechsel auf die LKW-Spur.

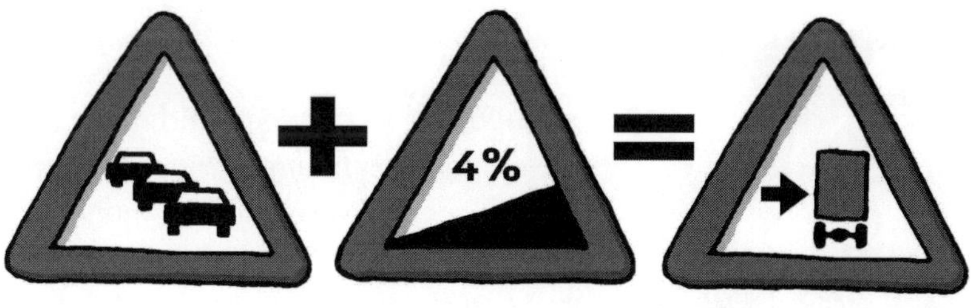

Bleiben Sie bei Stau auf Ihrer Spur und wechseln Sie bei bergigen Strecken auf die LKW-Spur.

Sollten Sie doch zum Stehen kommen, nutzen Sie die Zeit für kleine Entspannungs- oder Erfrischungsübungen, z. B.:

Tipp!

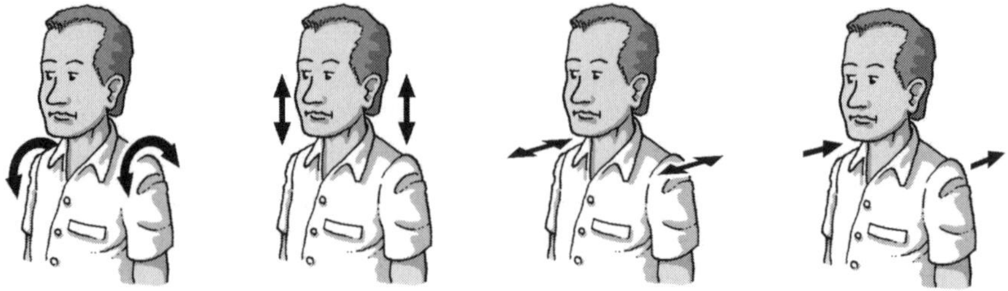

Schultergymnastik: Schultern vorwärts und rückwärts rollen, Schultern heben und fallen lassen, Schultern vor- und zurückbewegen, Schultern zehn Sekunden nach hinten dehnen.

Tipp!

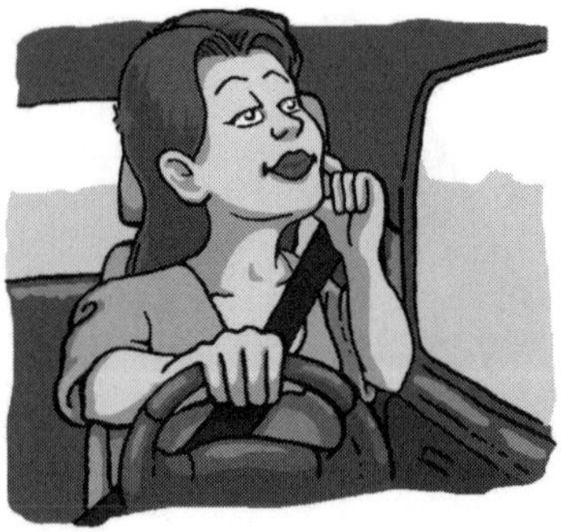

Kopf- und Gesichtsgymnastik:
Mit der Zunge im Mund einen Kreis oder eine Acht schreiben und dabei die Schleimhäute „abfahren“, mit Daumen und Zeigefinger die Nasenwurzel reiben, ein Ohrläppchen reiben, mit den Fingerspitzen am Hinterkopf den Ansatz der Halsmuskeln massieren, mit dem ganzen Kopf eine Acht oder „Willi“ schreiben.

Anspannungsübungen: Das Lenkrad zusammendrücken, das Lenkrad auseinanderziehen, mit den Händen die Knie nach unten drücken.

Durch die Übungen werden nicht nur die Muskeln gelockert und der Kreislauf angeregt, sondern auch Sauerstoff in den Kopf transportiert. Das Hirn wird wacher, die Konzentration erhöht, das Gemüt erhellt. Und ich bekomme Power für neue Aufmerksamkeit. Auch hier hilft es, Wasser zu trinken. Das Trinken löst einen Antistressreflex aus, lässt mich gelassener werden und verbessert Kreislauf und Konzentration. Man wird wacher und fröhlicher. Eine bessere Reaktionsfähigkeit können wir auch auf folgende Art und Weise gewinnen:

Tipp!

Immer etwas mehr Abstand halten als nötig.

So können wir viel gelassener fahren und gewinnen Zeit, auf Unvorhergesehenes souverän zu reagieren. Staus sind zwar nervtötend, aber auch Gelegenheiten, sich wieder zu erfrischen. Es macht keinen Sinn, sich zu ärgern, weil es niemandem hilft, denn wer sich ärgert, schadet letztlich nur sich selbst. Das kostet zusätzliche Energie und bringt nichts. Also eine Adlerperspektive einnehmen und die eigene Situation aus der Distanz ansehen oder sich die Frage stellen:

Tipp!

Was ist der Stau schon im Lichte der Ewigkeit Gottes?!

Nichts! Mikroskopisch klein, völlig unbedeutend, und ich rege mich hier künstlich auf. Diese Haltung des Abstandgewinnens vom Stressereignis reduziert die Stresspotentiale augenblicklich um 50%! Wenn ich mir das – bei vielen ähnlichen Gelegenheiten – bewusst mache, muss ich meist unwillkürlich lächeln. Es lohnt den Unmut nicht. Und schon ist der Ärger vorbei.

Regenwetter

Bei Schneetreiben, Regen und schlechter Sicht ermüden wir schneller. Die Laune verschlechtert sich. Unsere Konzentration wird strapaziert. Die Fahrfehlerquote steigt drastisch. Man empfindet den Verkehr, die wenigen Parkplätze, das Wetter als Zumutung. Wir können in dieser Lage nicht einfach davonlaufen, sondern höchstens schimpfen und Selbstgespräche führen. Das hat Ventilfunktion und baut Spannungen ab.

Tipp!

Sprechen Sie Ihren Frust laut aus. Lassen Sie Dampf ab (im Auto!).

Wenn es ganz dick kommt, fahren Sie lieber rechts ran, machen ein paar Lockerungsübungen, atmen Sie tief durch und laufen Sie „auf der Stelle“. Damit ersetzen Sie den Angriffs- oder Fluchtreflex, die Muskeln entspannen sich, der Kopf wird frei, das Ereignis relativiert sich.

Bei widrigen Verkehrsverhältnissen wie Regen ist grundsätzlich Vorsicht geboten. Das Auto ist zwar ein praktischer Regenschirm, aber die Griffsicherheit der Reifen auf den Straßen verändert sich. Kühle Temperaturen, Blätter, alles wird bei Nässe plötzlich doppelt gefährlich.

Tipp!

Keine ruckartigen Lenkbewegungen und spontane Bremsungen machen.

Aber Sie sind den Witterungsverhältnissen nicht hilflos ausgeliefert. Sie können vorbeugen.

Tipp!

Regelmäßig die Scheiben mit Spritzwasser säubern und bei Regen die Abstände vergrößern.

Schnee

Bei Schnee wird es noch gefährlicher, weil die Straße je nach Kältegraden matschig, hart oder glatt sein kann. Es ist eine völlig andere Fahrweise geboten.

Tipp!

Runter vom Gas! Fahren Sie langsamer, defensiv, vergrößern Sie die Abstände und überholen Sie nicht. Machen Sie in regelmäßigen Abständen neue Bremsproben (allerdings nur, wenn niemand hinter Ihnen fährt).

Bei Glätte

Glatteis ist für jeden gefährlich. Man kann es nicht oder nur sehr schlecht sehen und weiß nicht, ob es schon da ist oder erst kommt. Ich erinnere mich an ein Malheur, als sich Gäste nach einem Wochenendbesuch verabschiedeten und bei schneebedeckter Straße anfuhren, nach zehn Metern ins Rutschen kamen und einen entgegenkommenden PKW rammten. Es entstand nur Blechschaden, weil die Geschwindigkeit beider Fahrzeuge gering war. Das ist damals noch glimpflich abgelaufen. Aber die Lehre daraus ist:

Tipp!

Gerade morgens vor dem Anfahren mit den Füßen prüfen, wie glatt die Straße ist.

Eine weitere wichtige Hilfe bei Eis und Schnee ist es, schon abends mit der Reisevorbereitung zu beginnen.

Tipp!

Wenn ich abends ein zurechtgeschnittenes Stück Pappe unter den Scheibenwischer klemme, habe ich morgens kein Problem mit dem Freikratzen der Scheibe.

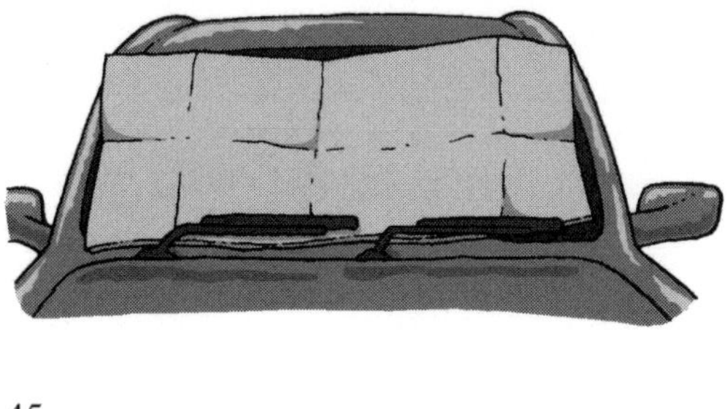

Das erspart mir nicht nur Zeit, sondern auch kalte Finger. Jeder von uns weiß, dass das Eiskratzen eine unangenehme Arbeit ist, weil der Eiskratzer trotz sorgfältiger Anwendung doch nicht alles sauber wegbekommt. Es gibt Sprays, warmes Wasser, aber damit sind immer auch Nachteile verbunden, die man mit einem Stück Pappe verhindern kann.

Nachts

Da die Tage im Winter lange dunkel sind, gibt es häufig Fahrten in der Dämmerung und bei Dunkelheit. Das hat Vor-, aber auch Nachteile. Nachts flaut die Verkehrsdichte ab, und ich komme meist zügiger voran, bin weniger abgelenkt und verbrauche weniger Energie. Viele Autofahrer sind genau deswegen nachts unterwegs. Tatsache aber ist, dass sich mehr als 40 Prozent aller tödlichen Autounfälle nachts ereignen, obwohl in dieser Zeit nur ein Viertel des Verkehrsaufkommens besteht. Schuld sind oft generell schlechte Sichtbedingungen. Zudem nimmt die Nachtsichtfähigkeit bei manchem Autofahrer mit dem Alter rapide ab. Diese Nachteile sind gewichtig.

Weitere Gründe sind der nächtliche Wildwechsel und die nachtbedingte Müdigkeit. Bei unvermutetem Auftauchen des Wildes erschrickt man oft und läuft Gefahr, das Lenkrad zu verreißen. Das ist lebensgefährlich.

Bei einem Wildunfall ist es übrigens wichtig „Schnitthaar“ (Haare vom Fell des angefahrenen Tieres) vorzuweisen, damit die Versicherung den Schaden bezahlt. Sonst fällt es schwer, einen Wildunfall nachzuweisen. Wenn also Verkehrsschilder einen Wildwechsel anzeigen, besteht Alarmstufe 1.

Tipp!

Tempo drosseln, auf jeden Fall das Lenkrad festhalten, geradeaus fahren und auf der eigenen Spur bleiben.

Es gibt noch andere Zeiten, in denen wir besonders aufmerksam mit Wild sein müssen: im Frühjahr, wenn die Paarungszeit beginnt und sich die Tiere neue Aufenthaltsbereiche suchen und es Kämpfe um die Reviere gibt. Ebenso im Herbst, in der Brunftzeit, wenn sich Reh-, Rot- oder Schwarzwild für den bevorstehenden Winter zu Überlebensgemeinschaften formieren. Dann verlieren die Tiere ihre Vorsicht und wechseln oft auch am Tage über die Straßen. Bei Autobahnen ist diese Gefahr heute durch Wildzäune gemindert, bei Landstraßen hingegen nicht. Viele Revierpächter helfen sich durch reflektierende Bänder, Katzenaugen oder silberne CDs, die sich im Wind drehen und das Wild vor dem Verkehr warnen. Wenn Sie so etwas wahrnehmen, wissen Sie, dass Sie hier besonders aufpassen müssen.

Bei Dämmerung gilt:

Tipp!

Den Straßenrandbereich im Blick haben und darauf achten, ob Sie die reflektierenden Augen von Katzen, Hasen, Rehen usw. sehen können.

So sind Sie frühzeitig gewarnt und können entsprechend vorsichtig fahren. Und noch etwas: Sollte es zu einem Wildschaden mit Haarwild – also keine Enten, Bussarde, Krähen etc. – kommen, dürfen Sie auf keinen Fall das überfahrene Wild mitnehmen, sondern müssen (!) den Schaden dem Jagdherrn melden oder die Polizei oder den Jagdherrn herbeiholen.
Nach dem Jagdgesetz machen Sie sich sonst der Wilddieberei schuldig und können sich darauf einstellen, eine saftige Strafe zu bekommen. Viele Autofahrer wissen das nicht und fahren nach dem Unfall einfach weiter, im Glauben, der Fall sei erledigt. Doch Sie sind zur Unfallmeldung verpflichtet. Außerdem lebt das Tier vielleicht noch und muss gesucht und versorgt werden.

Tipp!

Lassen Sie sich aber bei der Meldung beim Forstamt oder Jagdherrn auf jeden Fall eine Bestätigung ausstellen, dass Sie einen Haarwildschaden am Auto hatten, denn sonst haben Sie keinen Anspruch auf Schadensersatz.

Bei Müdigkeit

Nachtfahrten finden zu einem Zeitpunkt statt, an dem das Schlafverlangen zunimmt. Jeder vierte Unfall wird durch den so genannten „Sekundenschlaf“ verursacht. Der eigene Organismus produziert bei Dunkelheit vermehrt Melatonin, eine Substanz, die den Schlaf fördert. Die Gefahr der Müdigkeit nimmt nachts extrem zu. Das bedeutet, dass Sie bei solchen Fahrten vorbeugen sollten:

Tipp!

Öfter Pausen einlegen und durch Freiübungen frische Luft tanken. Vermeiden Sie, im Radio eintönige und einschläfernde Musik zu hören. Wenn man zu zweit ist, kann man sich durch Gespräche oder gemeinsam gesungene Lieder gegenseitig wach halten.

Als Beifahrer haben Sie zudem die Möglichkeit, den Wachheitsgrad des Fahrers an dessen Reaktionsgeschwindigkeit festzustellen. Lässt er den Kopf sinken und hebt ihn ruckartig hoch, dann ist es Zeit für eine Pause. Der Sekundenschlaf hat schon manchen Autofahrer ins Unglück gebracht. Also:

Tipp!

Runter von der Autobahn,
auf den nächsten Parkplatz,
und die Augen
zehn Minuten lang schließen.

Das ist ein so genannter „Powernap“, neudeutsch für Kurzerholungsschlaf. Er hat eine ungeheuer erfrischende Wirkung und dient der eigenen Sicherheit. Es kann dabei eine Hilfe sein sich vorzustellen, dass man sich sinken lässt.
Vermeiden Sie auch Fahrten, wenn Sie unmittelbar zuvor eine belastende Situation oder eine Niederlage erlebt haben. Dann sind Sie beim Fahren nicht ganz bei der Sache. Die Fehlerquote steigt dramatisch an.

Tipp!

Reagieren Sie sich besser erst durch eine halbe Stunde Entspannung ab, etwa durch einen kurzen Spaziergang.

Im Kreisverkehr

Mehr und mehr gehen die städtischen Verkehrsplaner dazu über, den Kreisverkehr einer Ampel vorzuziehen. Beim Kreisverkehr regelt sich der Verkehr von selbst. Keiner muss über Gebühr warten. Das in den Kreis einfahrende Auto wartet so lange, bis sich eine Lücke für das Einbiegen ergibt. Für nicht wenige unsichere Autofahrer wird das allerdings zum Stress. Sie glauben warten zu müssen, bis sich kein anderes Auto mehr im Kreis befindet. So ist es nicht gedacht. Ein bisschen Entschlussfreude wird beim Einbiegen in den Kreis vom Autofahrer erwartet. Wer hier zögert, wird leicht zum Verkehrshindernis. Eine Schlange staut sich hinter ihm, die wartenden Autofahrer werden nervös.

Der Druck endlich loszufahren steigt und damit auch die Möglichkeit Fehler zu machen. Dieser Stress ist vermeidbar:

Tipp!

In den Kreisverkehr ruhig, aber entschlossen einfahren.

Ein Kreisverkehr ist nur dort zu finden, wo wenigstens drei, meist vier Richtungen aufeinanderstoßen. Nicht alle fahren bei der gleichen Ausfahrt ab. Deshalb muss auch der Blinker gesetzt werden. Er hilft den anderen Einfahrenden, den Zeitpunkt zum Losfahren genau bestimmen zu können.

Wenn sich alle dem Kreisel
mit verlangsamter Geschwindigkeit nähern,
können Sie die Lücke besser bestimmen
und rechtzeitig einfahren.

Geschmeidig fahren bedeutet, die eigene Geschwindigkeit den anderen anzupassen. So lernt man auch das wichtige Mitdenken im Straßenverkehr. Dabei wird die Intuition geschärft, das heißt, ich ahne, was der andere machen wird, und kann mich gelassen darauf einstellen. Ja, ich freue mich sogar, wenn es mir bestätigt wird. Durch dieses aktive Teilnehmen am Verkehr, erhöhe ich einerseits meine Reaktionsmöglichkeiten, andererseits verringere ich den Stress, überrascht zu werden.

Feldwegfahren

Manchmal zwingt eine Situation dazu, einen Feldweg fahren zu müssen. Feldwege haben die Eigenschaft uneben zu sein. Bei Nässe werden sie extrem rutschig und, ehe man sich versieht, sitzt man im Graben. Außerdem lauern versteckte Steine oder dicke Äste. Meist haben sie auch tiefe Fahrspuren, sodass ein „Aufsitzen“ (der Auspuff stößt gegen ein Hindernis) leicht möglich ist.

Tipp!

Die Fahrspuren in „die Mitte“ zwischen die Räder nehmen. Je langsamer man einen Feldweg befährt, umso geringer ist die Wahrscheinlichkeit von Kratzern.

Mit ängstlichen Beifahrern

Ängstliche Beifahrer sind vielfach ungeübt oder vielleicht schon von einem Unfall betroffen gewesen. Also sollte ich diese individuelle Angst im eigenen Fahrstil berücksichtigen.

Tipp!

Allmählich und langsam beschleunigen – kein Vollgas geben. Frühzeitig bremsen. Außerdem stelle ich mich auf ihn ein und frage: „Fahre ich zu schnell? Soll ich langsamer fahren?"

Das ehrt den Beifahrer und entspannt ihn. Er fühlt sich ernst genommen und wird beruhigter sein. Auch kann ich dem Beifahrer meine geplanten Fahrmanöver ankündigen.

Tipp!

Bei Kurvenfahrten ist die Rotationsbeschleunigung oft Grund für Ängstlichkeit.

Eine Kurve langsam anfahren und erst in ihrem Scheitelpunkt wieder Gas geben. Dadurch wird der Beifahrer nicht im Auto hin und her geworfen.

Es gibt im übrigen Autofahrer, die es besonders nett mit ihren Beifahrern meinen und sich im Gespräch zu ihnen umdrehen. Der Beifahrer dagegen starrt angestrengt auf die Fahrbahn.

Tipp!

Als Fahrer die Augen während eines Gespräches nicht von der Fahrbahn nehmen.

Um ängstlichen Beifahrern eine weitere Entspannung zu ermöglichen, bietet es sich an, häufiger eine kleine Pause zu machen. Wer ängstlich ist, spannt unwillkürlich seine Hals- und Nackenmuskulatur an. Deshalb sind Pausen geeignet, sich auch körperlich zu lockern und den Muskeln durch kleine Übungen (siehe Kapitel Ausgleichsübungen) neuen Sauerstoff zu ermöglichen. Schlechte Luft im Auto, zu laute Musik, falsche Raumtemperatur etc. summieren die Stresspotentiale und können für den Beifahrer zur zusätzlichen Anstrengung werden.

Mit Kindern

Der Fahrer will schnell an sein Ziel kommen, schon der Kinder wegen. Die Kinder finden Autofahren nämlich langweilig und anstrengend. Anstrengend deswegen, weil sie sich nicht genug bewegen können.

Tipp!

Alle eineinhalb Stunden eine Pause machen und diese Pause aktiv gestalten, z. B. auf einen Kinderspielplatz gehen.

Natürlich kann man auch während der Fahrt für Abwechslung sorgen und mit den Kindern singen oder Spiele spielen wie Autotypen- und Nummernschilderraten bzw. „Ich reise nach Amerika und nehme mit …“.

Linksverkehr

In England, Irland, Schottland, Südafrika und noch vielen anderen Ländern ist Linksverkehr völlig normal. Was so einfach scheint, hat seine Tücken. Die eingeübten Reflexe lassen uns in schwierige Situationen kommen. Bei einem gegnerischen Überholvorgang kommt Ihnen ein Auto auf Ihrer Seite entgegen. Sie bremsen und ziehen das Lenkrad unwillkürlich nach rechts – genau in den Gegenverkehr! Sie haben an einer Tankstelle gehalten und wollen wieder zurück auf die Straße. Wenn kein anderes Auto in Sicht ist, das Sie daran erinnert, lenken Sie intuitiv auf Ihre angestammte rechte Fahrbahn und sind im Gegenverkehr. Oder Sie haben sich verfahren, wenden und landen – weil Sie gestresst sind – ebenfalls wieder auf der rechten Seite.

Tipp!

Bei Linksverkehr verbietet es sich, schnell zu fahren, wenn Sie aus einem Rechtsverkehrsland kommen und noch nicht geübt sind. Fahren Sie nur ausgeruht und entspannt.

Verhalten bei Pannen

Das Warndreieck

Das Auto geht während der Fahrt aus und bleibt stehen. Der Tank ist leer, der Auspuff beschädigt, ein Reifen platt, ein Unfall ist geschehen ... Es gibt eine Menge solcher Pannenszenarien. Die erste Maßnahme ist immer, das Warnblinklicht einzuschalten. Vorrangig geht es um die Sicherung des liegen gebliebenen Fahrzeugs.

Der nachfolgende Verkehr soll nicht noch mehr Schaden anrichten, als ohnehin schon geschehen ist. Wenn die Panne auf der Autobahn oder einer viel befahrenen Straße geschieht, steigen Sie so aus, dass sie am schnellsten auf die rechte Straßenseite kommen. Danach holen Sie das Pannendreieck aus dem Kofferraum und stellen es so auf, dass nachfolgende Autofahrer rechtzeitig abbremsen können. Auf der Autobahn muss das ein Sicherheitsabstand von hundert Metern sein, auf der Bundesstraße wenigstens fünfzig Meter. Nach einer Kurve verdoppeln sich die Abstände. Bei Schnee oder Regen ebenso.

Tipp!

Das Warndreieck nicht an den Straßenrand – von Gräsern oder Sträuchern verdeckt –, sondern sichtbar so aufstellen, dass es aus der Entfernung gut gesehen werden kann.

Wenn Sie noch einmal in das eigene Fahrzeug hinein müssen, steigen Sie stets von der Beifahrerseite ins Auto. So bleiben Sie auf der sicheren Seite!

Viele Unglücksfälle haben sich nur deswegen ereignet, weil die Fahrer des Pannenfahrzeugs auf der Fahrerseite die Tür geöffnet haben. Vom Fahrtwind oder vom überholenden Verkehr wird man nur allzu leicht aus dem Gleichgewicht und zu Fall gebracht.

Rufsäulen

Rufsäulen findet man, wenn man den kleinen schwarzen Richtungspfeilen auf den Streckenpfosten folgt. Oft ist es dann schwierig, die antwortende Straßenmeisterei zu verstehen. Der vorbeibrausende LKW-Verkehr, die hohe Geschwindigkeit verzerren und übertönen die Telefongeräusche.

Tipp!

Um dadurch nicht unnötig
in Stress zu geraten,
sollten Sie vorher schon überlegen,
was Sie sagen wollen.

Dazu gehört als erstes der eigene Name und ob man Mitglied bei einem Pannenhilfsdienst ist. Das ist deswegen wichtig, weil Sie dann die entsprechende Hilfe kostengünstig geschickt bekommen. Außerdem muss der Pannen-Standort, der Typ des Kfz-Modells, die Farbe des Autos und die Art des Schadens genannt werden.

Heutzutage gibt es weltweit bereits über drei Milliarden Handys. Das bedeutet: Die Notrufsäule hat eigentlich ausgedient.

Tipp!

Wenn Sie also die Pannenhilfszentrale – die in den Handys schon einprogrammiert ist (0180-2-222222) – selbst mit einem Handy anrufen, sollten Sie zum Schluss noch Ihre eigene Handynummer angeben, damit Sie bei Fragen zurückgerufen werden können.

Reifenwechsel

Gott sei Dank ist ein Reifenwechsel heute fast nur noch eine Angelegenheit in der Formel 1. Aber hin und wieder müssen wir tatsächlich noch selbst einen Reifen wechseln. Wenn Sie nicht die Möglichkeit haben, auf einen sicheren Platz zu rollen, ist das gleiche Prozedere wie bei einer ganz normalen Panne zu beachten: Warnblinklicht, Warndreieck etc. Leider wissen viele Autofahrer nicht, wo sich ihr Pannenwerkzeug befindet. Meistens ist es unter einer Verkleidung zu finden, die man sonst nie öffnet.

Tipp!

Das Pannenwerkzeug kennen und schon einmal zuhause ausprobiert haben.

Wenn Sie das einmal gemacht haben, werden Sie merken, dass es überhaupt nicht einfach ist, ein Rad zu wechseln. Die größte Schwierigkeit besteht darin, die Radschrauben zu lösen. Diese sind je nach Dauer schon so fest zusammenkorrodiert, dass es großer körperlicher Anstrengung bedarf sie abzuschrauben.

Tipp!

Besorgen Sie sich ein Verlängerungsrohr von etwa 30 cm, mit dem Sie die Hebelwirkung des Werkzeugs verlängern können.

Die gelösten Schrauben sollten Sie sauber und in der Reihenfolge des Abnehmens ablegen. Dadurch wird das spätere Anschrauben leichter. Das neue Rad wird auf die Nabe aufgesetzt und mit einer Schraube fixiert. Danach werden die restlichen Schrauben überkreuz angezogen. Ziehen Sie aber nicht jede Schraube gleich fest an!

Tipp!

Lassen Sie zunächst noch etwas „Luft“, um dann gleichmäßig Schraube für Schraube anzuziehen.

Abschleppen

Müssen Sie abgeschleppt werden, beachten Sie folgende Regeln: Schalten Sie das Warnblinklicht ein. Die Abschleppgeschwindigkeit hängt vom Leistungsstand des Fahrers ab, ist aber in jedem Fall viel langsamer, als der übrige Verkehr. Das größte Problem ist, dass Sie koordiniert mit dem abschleppenden Fahrzeug bremsen müssen, sonst sitzen Sie ihm unverhofft auf der Stoßstange.

Tipp!

Verabreden Sie mit dem Abschlepper das Bremsverfahren.

Handheben könnte zum Beispiel bedeuten: Ich bremse jetzt. Sehr hilfreich ist es, wenn Sie immer ein wenig auf der Bremse stehen, um das Abschleppseil straff zu halten. Das kann man allerdings nur bei kurzen Entfernungen machen, weil sonst die Bremsen qualmen …

Der Unfall

Ein Auffahrunfall

Nach einer langen Fahrt sind Sie endlich in unmittelbarer Nähe Ihres Ziels, es regnet, da erspähen sie eine Parkmöglichkeit, während Sie an der roten Ampel stehen. Bei Grün fahren Sie los, übersehen, dass Ihr Vordermann noch nicht angefahren ist, bremsen überhastet und – bumms, rutschen auf das Heck des Vordermannes. Der betroffene Fahrer steigt schimpfend mit einer Drohgebärde aus. Hinter Ihnen beginnt ein Hupkonzert.

Während Sie starr vor Schreck aussteigen, geht Ihnen blitzartig durch den Kopf: Der Termin platzt, gleich kommt die Polizei, das kostet Geld, mein Versicherungsrabatt verfällt, ich werde zurückgestuft … Wichtig ist jetzt: Ruhe bewahren.

Tipp!

Analysieren Sie Ihre Situation: So schlimm ist es ja gar nicht. Keiner ist verletzt. Der Schaden ist begrenzt.

Zugegeben, das ist nicht einfach. Es braucht Zeit, sich das so vor Augen zu führen. Besser wäre es, sich ein Stichwort zuzurufen, das einen sofort beruhigt. Eine gute Frage, die man sich stellen kann, ist: „Wie sieht das aus der Adlerperspektive aus?“

Dadurch gewinnen Sie psychologisch Abstand. Es ist so, als wären Sie nur Unfallzeuge und müssten darüber berichten. Das versachlicht die Auseinandersetzung. Eine andere hervorragende Hilfe, die eine sofortige Beruhigung, ja geradezu Belustigung auslöst, habe ich Ihnen schon genannt: Wie sieht das Ganze angesichts der Ewigkeit Gottes aus? Augenblicklich fällt der Stress von Ihnen ab. Sie bekommen wieder Luft, sehen klar und können sachlich und ruhig handeln. Im Grunde genommen ist der Unfall eine Bagatelle. So sehen es übrigens auch die Versicherungen. Sie verzichten schon auf polizeiliche Ermittlungen und Protokolle, wenn sich die Unfallbeteiligten einigen. Wir nehmen die Dinge häufig viel zu wichtig und sollten uns bemühen, gelassener zu bleiben.

Ein schwerer Unfall

Ein schwerer Unfall kommt immer unvorhergesehen. Keiner hat ihn gewollt. Verletzte sind zu beklagen, möglicherweise Schwerverletzte, Tote. Als Betroffener steht man oft unter Schock. Man ist gewissermaßen unzurechnungsfähig. Da helfen dann auch keine Tipps mehr.

Aber wir, die Zeugen, können sehr wohl helfen. Ich weiß genau, dass das ein heißes Eisen ist, weil es mit Unannehmlichkeiten verbunden ist. Selbstverständlich verliere ich Zeit. Möglicherweise muss ich mich sogar als Zeuge melden und bereithalten, bis die Polizei kommt. Das kann eine halbe Stunde dauern. Sich wegducken und einfach weiterfahren heißt, sich aus der Verantwortung ziehen. Zeuge sein ist sicher leichter gesagt als getan, aber es ist richtig. Deshalb kurz überdenken und dann handeln:

Tipp!

Erstens: Sich zuerst selbst aus der Gefahrenzone bringen.
Zweitens: In sicherem Abstand anhalten und überlegen, wie ich helfen kann.
Wenn ich über ein Autotelefon oder Handy verfüge, kann ich
den Polizeinotruf 110 anwählen, damit schnelle Hilfe eingeleitet wird.

Als nicht unmittelbar Betroffener bin ich am besten in der Lage, kurz und präzise die nötigen Informationen weiterzugeben. Notfalls muss ich Erste Hilfe leisten. Dadurch können Folgeschäden vermieden oder abgeschwächt werden. Ich kann aber auch praktische Hilfe leisten: die Unfallautos zur Seite schieben, Blechteile von der Fahrbahn räumen, und so lange bereitstehen, bis professionelle Hilfe kommt. Wenn Sie so handeln, haben Sie sich hinterher nichts vorzuwerfen und ein gutes Gewissen.
Eigentlich sollte sich jeder von uns in regelmäßigen Abständen mit einem Erste-Hilfe-Lehrgang die lebensrettenden Erstmaßnahmen in Erinnerung rufen. Denn wenn wir ehrlich sind, wissen die meisten von uns doch gar nicht mehr, was wir im Ernstfall wirklich als erstes tun müssen … Dabei kann es Leben retten!

Autofahren als Ausdruck der Lebensfreude

Zu den schönsten Erlebnissen zählten 1962 die Fahrten mit meinem damals besten Freund Reinhard. Er hatte einen Peugeot 404, samtweich im Ton und in den Sitzen. Am Wochenende fuhren wir durch die hessischen Lande und hörten Bachsche Musik, gesungen von den Swingle Sisters. Das war total entspannend und einfach schön. Wir konnten gar nicht genug bekommen und freuten uns jedes Wochenende darauf. Zugegeben, das Benzin war viel billiger und die Verkehrsdichte geringer.
Meine Frau und ich haben diese Freude nun wieder neu entdeckt. Sonntags fahren wir oft durch die Lande, um unsere Heimat noch besser kennenzulernen. Wir suchen uns kleine Nebenstraßen oder abgelegene Wegführungen. Oder wir erkunden kleine Dörfer, Schlösser, Wiesen, Wälder, Seen usw. und lauschen dabei Sendern mit klassischer Musik. Nach ein, zwei Stunden sind wir wieder zu Hause und genießen den Sonntag mit der Rückschau auf diese Fahrt. So wird Autofahren ohne Ziel und Terminpflicht zu einem Ausdruck unserer Lebensfreude.

Tipp!

Machen Sie mal wieder eine richtige Spazierfahrt.

Mit dem Auto wird für uns auch Freiheit möglich. Das Auto hat den Vorteil, dass es das allerkleinste fahrbare Haus ist. Man kann sogar bei zurückgeklappter Lehne darin schlafen. Es ist jederzeit verfügbar und wartet geradezu darauf, angelassen und ausgefahren zu werden. Ein stehendes Auto ist ein Widerspruch. Bereits der Name – Automobil – besagt ja, dass man sich jederzeit automatisch fortbewegen kann.

Es geht wie von selbst. Ich steige ein und bin schon im Moment des Türzuschlagens in einer anderen Welt, mit halbem Herzen bereits am Ziel. Das Auto kann einen in der Tat in wenigen Stunden aus einer Stress-Situation zur Ostsee, nach Garmisch oder in die Heide bringen. Es ermöglicht uns Freundschaften auch über größere Entfernungen zu pflegen oder fremde Länder kennenzulernen. Mit ihm kann man auf Entdeckungsreise gehen und dem Alltag entfliehen.

Tipp!

Stets Badehose, Gummischuhe und Regenjacke sowie Decke im Auto parat haben.

Autofahren kann zur Freude werden, wenn man es will. Die vielen Möglichkeiten, sich durch kleine Bewegungsübungen frisch und fit zu halten, haben gleichzeitig auch eine bedeutende Antistress-Wirkung. Sie befähigen dazu, Stress-Situationen entspannter zu begegnen und sich das Leben als Autofahrer leichter zu machen.

Wir wünschen Ihnen mit diesem Buch eine praktische Hilfe für eine allzeit gute und behütete Fahrt. Deshalb viel Spaß beim zukünftigen Autofahren!

Ausgleichsübungen

Weil beim Autofahren unser wichtigstes Stoffwechselorgan, die Muskulatur, zu wenig beschäftigt ist, sind Ausgleichsübungen die Chance, Krankheiten zu vermeiden und Schäden zu verhindern. Rhythmische Bewegungen der Beine und Arme lassen die Selbstheilungskräfte aktiv werden. Es braucht nur wenige Minuten, um das Herz-Kreislauf-System anzukurbeln, die Darmtätigkeit zu beschleunigen, den Blutdruck zu senken und Sauerstoff in das Gehirn zu transportieren. Unser ganzer Organismus profitiert von Bewegung. Hier werden einige dieser Übungen erklärt und vorgestellt:

Training im Sitzen

Wer die Sitzmuskulatur abwechselnd im Sekunden-Rhythmus an- und entspannt, regt damit den Kreislauf an. Wenn man zusätzlich noch mit den Schultern kreisende Bewegungen ausführt, kommt ein Entspannungsreflex dazu. Wer dies alle halbe Stunde für jeweils drei Minuten wiederholt, kommt erfrischt am Urlaubsziel an. Man kann auch das Lenkrad mit den Händen umfassen und zusammendrücken, anschließend wieder auseinanderziehen.

Bei langen Autofahrten

Bei langen Fahrten, ob im Auto, der Bahn oder im Flugzeug, leiden besonders die Bandscheiben. Sie werden einseitig zwangsbelastet, verlieren ihre Pufferwirkung, drücken gegen Nervenbahnen und verursachen Schmerzen. Eine wirksame Abhilfe ist die Hula-Hoop-Bewegung, das heißt man schwingt das Becken so, als würde man einen Hula-Hoop-Reifen um die Hüfte kreisen lassen. Das geht auch ganz gut im Sitzen. Dadurch werden die Bandscheiben massiert und bleiben elastisch.

Gegen den Bluthochdruck

Bluthochdruck ist in den meisten Fällen eine hausgemachte Erkrankung. Er entsteht, weil durch Stress die Blutgefäße erstarren und vermehrt Blutfette in ihre Innenhaut aufnehmen. Man nennt das Aderstarre. Hält dieser Zustand zu lange an, entsteht Bluthochdruck. Wenn man jeden dritten Tag 15–20 Minuten entspannt trabt (nicht joggen, sondern joggeln) oder andere Ausdauersportarten betreibt, kann der Blutdruck innerhalb von sechs Wochen um etwa 7,5 % gesenkt werden.

Gehen

„Gehen ist die beste Medizin", sagte schon Hippokrates. In der Tat kann ein täglicher einstündiger Spaziergang die Zahl der notwendigen Zellrezeptoren (Empfangsstationen) so erhöhen, dass z. B. bei Altersdiabetes oft die Medikation ganz abgesetzt werden kann. Ein halbstündiger zügiger Spaziergang pro Tag reicht schon.

Treppensteigen

Werden Sie leidenschaftlicher Treppensteiger! Wo eine Rolltreppe oder ein Aufzug ist, ist die Treppe nicht weit. Das Treppensteigen bringt nachweislich die beste Kondition.

Kleiner Aufwand – große Wirkung

Um Muskelkraft, Koordination und Flexibilität zu fördern, hat Prof. Dr. Wildor Hollmann (Präsident des Weltverbandes der Sportmedizin) den Vorschlag gemacht, sich jeden Tag Strümpfe und Schuhe auf einem Bein balancierend anzuziehen. Dabei arbeiten insgesamt über 200 Muskeln mit. Schon bei dieser kurzen Belastung müssen in jeder Sekunde je hundert Nervenimpulse von den Zellen verarbeitet werden. Damit wird das Zellwachstum geregelt und die Immunabwehr gefördert.

Fitness für unterwegs

Sie würden gerne mehr Sport machen, sind aber oft unterwegs? Diese Reisebegleiter passen sogar in den kleinsten Koffer und halten im Urlaub oder auf Dienstreise fit: ein modernes Springseil aus Kunststoff, denn Hüpfen ist ein ideales Konditionsmittel, Laufschuhe – Joggeln kann man schließlich überall –, eine Badehose für den Hotelpool oder eine „Lifeline" (Elastikband), die alle wichtigen Muskeln trainiert und zusammengerollt in jede Tasche passt.

Wartezeiten sinnvoll nutzen

Tun Sie etwas für Körper und Geist, wenn Sie warten müssen, z. B. mit progressiver Muskelentspannung: Konzentrieren Sie sich auf Ihre Muskeln und spannen diese fünf Sekunden an, und lassen dann wieder locker. Fangen Sie nacheinander einzeln erst mit den Füßen, dann Beinen, Sitzmuskeln, Händen, Armen, Schultern und dann dem Bauch an. Ruhig weiteratmen. Dann spüren Sie eine entspannende Wärme.

Gedanken aus der Stirn streichen

Wenn Sie sich gestresst fühlen, streichen Sie sich den Stress aus der Stirn. Lehnen Sie Ihren Kopf zurück, schließen Sie die Augen und streichen Sie jeweils mit Zeige- und Mittelfinger fest von der Mitte der Stirn nach außen über die Schläfen zu den Ohren. So schaffen Sie sich Raum für neue Gedanken.

Kutschersitz

Probieren Sie es doch mal mit dem „Kutschersitz". Einfach mit gekreuzten Beinen sitzend, den Kopf entspannt hängen lassen, die Arme ruhen auf den Oberschenkeln. Machen Sie nun die Augen zu und nehmen Sie ganz bewusst Ihren Atem wahr. Nur eine Minute Abstand zur Stresssituation wirkt befreiend.

Imaginäres Trampolinschwingen

Wenn Sie 30 Sekunden auf den Zehenspitzen wippend sanft schwingen und dabei die Schultern bewusst entspannen, ist das ein hervorragendes Entspannungs- und gleichzeitiges Bandscheibentraining.

Bei Nackenverspannung

Falten Sie die Hände, legen Sie sie umgedreht mit dem Handrücken auf den Tisch und stützen Sie den Kopf in die offenen Handflächen. Dabei atmen Sie tief aus und lassen bewusst die Hals- und Nackenmuskulatur los – 30 Sekunden lang.

Urlaubsgedanken

Bequem am Schreibtisch nach hinten lehnen, Augen schließen und vom Urlaub träumen. Dabei Hände hinter den Kopf legen und den Kopf leicht gegen die Hände drücken. Spannung einige Sekunden halten, dann locker entspannen.

Massage

Eine Massage löst Verspannungen, regt die Durchblutung an, beruhigt die Atmung und Gehirnströme und entschlackt das Gewebe. Sie baut außerdem Stress ab und regt die Wohlfühlhormone Serotonin, Oxytoxin und die glücklich machenden Endorphine an. Gründe genug, sich regelmäßig eine Selbstmassage zu gönnen, vom Partner massieren zu lassen oder sich in professionelle Hände zu begeben. Wenn Sie sich selbst massieren möchten, genügt schon eine einfache Massage der Ohrläppchen, um den Kreislauf anzuregen. Oder Sie bearbeiten die Halsmuskelansätze am Hinterkopf kreisförmig mit den Fingern. Das entspannt und regt die Hirndurchblutung an.

Wenn Sie wenig Zeit haben …

Wer überhaupt keine Zeit zum Training hat, kann sich beim Zähneputzen in der Skiabfahrtshocke (leichte Kniebeuge) wippend konditionieren. Dabei werden über 40% aller Muskeln aktiviert, die Balance und die Koordinationsfähigkeit geschult.

Verspannungen

Hochwirksam ist der „Kneippsche Guss". Morgens nach dem normalen warmen Duschen zum Abschluss mit kaltem Wasser abbrausen. Dabei mit der herzfernsten Stelle beginnen, also dem rechten Fuß. Danach folgen von unten nach oben die Außenseiten der Beine, dann die Innenseiten, nach dem linken Bein der rechte Arm, danach der linke und schließlich der Nacken und der Rücken. Wenn Sie dabei bewusst ausatmen, verspüren Sie keinen Kälteschmerz. Der „Kneippsche Guss" hat eine stark entspannende Wirkung. Wer so die Reise vorbereitet, bleibt elastisch und spannkräftig. Wer abends fürchtet, schlaflos zu bleiben, sollte diesen Vorgang vor dem Schlafengehen wiederholen. Das Einschlafen wird erleichtert und Sie wachen erfrischt auf.

Recken – „Stretching"

Das Autofahren zwingt uns zur „wachsamen Faulheit". Die Folge sind Adrenalinstaus. Dagegen helfen einfache Reck- und Streckübungen, wie sie Hund und Katz täglich mehrfach wiederholen. Wenn wir uns z. B. mehrmals am Tag richtig ausräkeln, lösen wir nicht nur die verspannte Muskulatur, sondern wir versorgen Muskeln, Sehnen und Bänder anhaltend mit neuem Sauerstoff. Durch nur eine Minute Recken, Strecken, Dehnen können wir eine ganze Stunde Schlaf sparen. Die Hände über dem Kopf falten, sie nach außen drehen, nach oben strecken und ausatmen.

Taschenkarten für das Autofahren

Bewegung ist Leben

Minutentraining Auto (1)

BEWEGUNG IST LEBEN Gert und Marlen von Kunhardt Lindenweg 23 23714 Bad Malente Fon 04523-990290

Bewegung ist Leben

Minutentraining Auto (2)

Schulter rollen

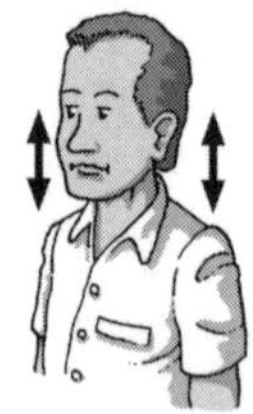

Schultern heben und senken

Schultern vor und zurück

Ohrläppchen massieren

Lenkrad auseinanderziehen und zusammendrücken

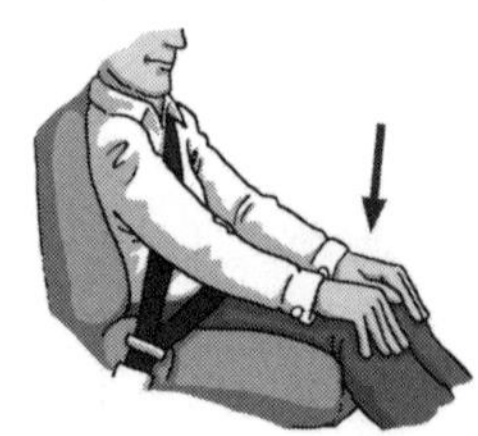

Knie nach unten drücken

Bewegung ist Leben Gert und Marlen von Kunhardt Lindenweg 23 23714 Bad Malente Fon 04523-990290

Bewegung ist Leben

Minutentraining Auto (3)

Oberschenkel dehnen

Bedanken nicht vergessen

abseits Pause machen

Wippen

bewusst ausatmen

Blinken

Bewegung ist Leben Gert und Marlen von Kunhardt Lindenweg 23 23714 Bad Malente Fon 04523-990290

Bewegung ist Leben

Minutentraining Auto (4)

Bedanken

Rückspiegel nutzen

Wasser nicht vergessen

Beim Überholen helfen

Auffahrspur auffahren

Genießen

BEWEGUNG IST LEBEN Gert und Marlen von Kunhardt Lindenweg 23 23714 Bad Malente Fon 04523-990290

Bewegung ist Leben

Minutentraining Auto (5)

Abstand halten

Scheiben waschen

vor Frost schützen

auf Wild achten

Powernap

Spazierengehen

Bewegung ist Leben Gert und Marlen von Kunhardt Lindenweg 23 23714 Bad Malente Fon 04523-990290